Clémentine BAUDONNIÈRE

OU UNE

ÉPOUSE DU CHRIST

DÉCÉDÉE PIEUSEMENT

EN LA PAROISSE SAINTE-MADELEINE DU SACRÉ-CŒUR

Le 5 Décembre 1881

ANGERS

IMPRIMERIE LACHÈSE & DOLBEAU

13, Chaussée Saint-Pierre, 13

1881

Clémentine BAUDONNIÈRE

OU UNE

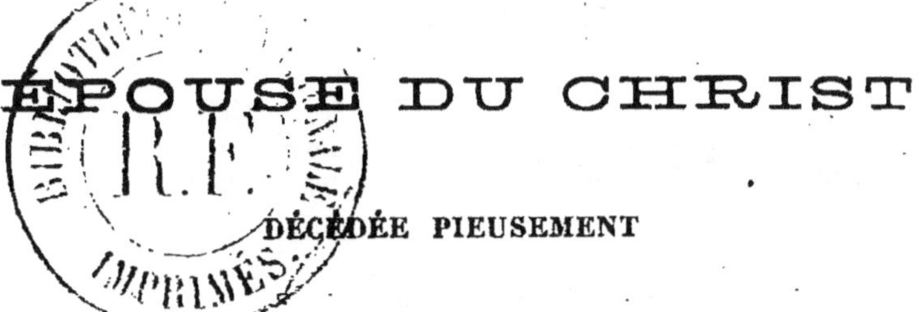

ÉPOUSE DU CHRIST

DÉCÉDÉE PIEUSEMENT

EN LA PAROISSE SAINTE-MADELEINE DU SACRÉ-CŒUR

Le 5 Décembre 1881

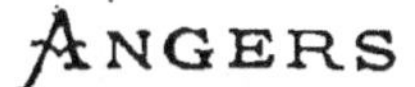

ANGERS

IMPRIMERIE LACHÈSE & DOLBEAU

13, Chaussée Saint-Pierre, 13

—

1881

UNE ÉPOUSE DU CHRIST

DÉCÉDÉE PIEUSEMENT

EN LA PAROISSE SAINTE-MADELEINE DU SACRÉ-CŒUR

LE 5 DÉCEMBRE 1881

Souvent à côté d'une existence très en relief s'écoule une existence plus modeste, moins en vue, mais non moins précieuse devant Dieu.

Le dimanche 4 décembre 1881, mourait le premier curé de la Madeleine, et le lendemain l'une des jeunes sacristaines de son église.

Il y a vingt ans, c'était à la fin de 1861, que cette brebis du Seigneur Jésus était venue se ranger sous la conduite de celui qui écrit ces lignes et qui l'a si bien connue. Cette jeune fille — non, cet enfant, elle n'avait alors qu'onze ans et demi — suivait le catéchisme de troisième année, et déjà il la trouvait admise à la communion de tous les quinze jours. Elle grandit, sanctifiant sa vie par les œuvres de piété et le travail manuel ; car elle aidait activement ses parents dans les soins du ménage et la culture d'un jardin qui faisait vivre la famille. Elle eut la douleur de perdre de bonne heure, à peu de distance l'un de l'autre, sa mère et son père. Elle resta avec une sœur plus âgée qu'elle de quelques années, et toutes les deux vécurent tendrement unies, dans cette position que le poète ancien appelait *aurea mediocritas* — médiocrité dorée, — et que le Sage de nos Saints Livres demandait à Dieu, en le priant de lui épargner la richesse et la pauvreté[1] ; position vraiment enviable, dans laquelle des personnes aux goûts simples et modestes trouvent moyen de faire assez largement l'aumône et de rendre bien des services à leurs frères moins heureux.

La jeune fille, attachée à l'église Saint-Joseph, où elle avait reçu la grâce du saint baptême et fait sa première communion, dut la quitter. Car la maison paternelle était à

---

[1] *Mendicitatem et divitias ne dederis mihi.* Prov., XXX, 8.

l'extrême limite d'une nouvelle paroisse, que Monseigneur l'Évêque créait en décembre 1872. Chrétienne soumise à l'ordre du premier pasteur, elle dit adieu avec regret à son église aimée pour aller prier désormais dans la pauvre petite chapelle de la Madeleine, qu'a remplacée depuis la magnifique église votive du Sacré-Cœur. Se donnant à sa nouvelle paroisse, elle s'y donna complètement. Zélatrice de la Sainte-Enfance à Saint-Joseph, elle devint zélatrice de la Sainte-Enfance à la Madeleine, et elle ajouta à cette bonne œuvre le soin des autels de l'église, qu'elle partageait du reste avec sa sœur et une amie. Tout le monde, dans la paroisse, rend témoignage que les autels sont toujours admirablement tenus et décorés avec goût. On aimait à voir la petite sacristaine qui n'est plus s'occupant de sa tâche pieuse et parant l'autel du divin Maître, ou bien priant les yeux fixés sur le tabernacle. Car alors un reflet de sa belle âme illuminait son visage : c'était le rayonnement surhumain d'une âme divinisée par la grâce, qu'une autre âme voit en quelque sorte, mais que le langage terrestre ne saurait bien définir.

Cette jeune fille édifiante eût voulu quitter le monde, et la vocation à l'état de perfection avait paru accentuée chez elle, sans l'ombre d'un doute, dès son enfance. De bonne heure du reste, elle s'était consacrée à Dieu par le vœu qui rend une âme épouse du Christ. Au mois d'août 1872, elle était donc allée frapper à la porte des Dominicaines de Lyon. Là un secret attrait l'attirait, et aussi, disons-le, l'appel d'une ancienne maîtresse.

Mlle Janin avait dirigé jusqu'en l'année 1862 un pensionnat vraiment modèle, où grand nombre de jeunes filles de la classe moyenne de Saint-Joseph et de la Madeleine ont reçu cette éducation forte, sérieuse et chrétienne, que ne donneront point sans doute les futurs *lycées de filles*, mais que l'on trouve toujours dans les maisons religieuses, et en particulier dans la pension Saint-Charles, qui continue à Saint-Joseph les traditions du pensionnat Janin auquel elle a succédé. En 1862, le Père Marie-Augustin, de si douce mémoire, était venu prêcher dans l'église Saint-Joseph le célèbre mois de Marie, non encore oublié après bientôt vingt ans; et avant la fin de cette même année, la pieuse directrice d'un pensionnat laïque était à Lyon et y avait revêtu le blanc vêtement de Sainte-Catherine de Sienne. Aujourd'hui, elle est à la Trinidad, dans le pays de mission, je dirais la colonie, que la Propagande de Rome a assignée aux Dominicains de la province de Lyon. Elle y élève de jeunes créoles et négresses des Antilles anglaises, avec la même tendresse et la même sollicitude qu'elle témoignait jadis aux jeunes Angevines. Et qu'on nous pardonne, à l'occasion de la fille, de nous être étendu un peu longuement sur le compte de la mère spirituelle. Nous sommes heureux de payer, en passant, un tribut d'hommage et de gratitude à la chrétienne maîtresse, qui a laissé un souvenir précieux dans la paroisse Saint-Joseph.

Or, en 1872, Mlle Janin, c'est-à-dire la sœur Augustin-du-Rosaire, était prieure du couvent de Lyon, d'où elle restait unie par le cœur et une pieuse correspondance avec plusieurs de ses anciennes élèves. Parmi elles, la jeune fille qui n'est plus était la plus aimée. Du reste, nous ne craignons pas de le dire, elle était la privilégiée de tous ceux qui, à un titre quelconque, ont eu à soigner sa belle âme. Ses compagnes et amies voyaient ces préférences et les constataient à haute voix, sans qu'aucune d'elles songeât jamais à en être jalouse. Aspirant à la vie du cloître, elle devait donc naturellement diriger ses pas vers le couvent de Lyon, où sa sœur, pour ne point se séparer d'elle, la suivit en qualité de pensionnaire. Elle n'y resta qu'une année ; car sa santé trop délicate ne pouvait se faire à une règle relativement sévère, et les médecins prescrivirent le retour en Anjou.

Obligée de vivre au milieu du monde qu'elle avait voulu quitter, elle se donna plus que jamais aux œuvres paroissiales. Elle aimait les belles et touchantes cérémonies de l'Église, et pourtant elle n'osait plus assister à une profession religieuse. Car alors revenaient tous ses regrets et ses larmes coulaient abondantes. Quelques mois cependant avant de mourir, elle voulut surmonter son chagrin et être témoin d'une prise d'habit dans la chapelle des Servantes du Saint-Sacrement, Or, il arriva que le prédicateur, M. l'abbé Fau-

cheux, directeur de Mongazon, tout en s'a-
dressant aux religieuses et en louant la subli-
mité de leur vie angélique, parla aussi pour
les personnes que Dieu appelle à une vie par-
faite, mais qu'il retient dans le monde pour
l'édification et les bonnes œuvres. Évidem-
ment l'ange gardien de la jeune fille l'avait
bien inspirée ce jour-là, et elle rentra chez
elle, le cœur inondé d'une douce joie.

Un peu plus tard, sa santé de plus en plus
chancelante la contraignit de s'aliter, et de ne
plus recevoir que chez elle les consolations de
la religion. Elle fut assistée avec une tendre
sollicitude par le Père Carrié. Car depuis 1871,
où s'était éloigné d'Angers celui qui l'avait
conduite de la troisième communion d'enfance à la porte du couvent, elle s'était confiée
à la sage et paternelle direction des trois
Pères qui se sont succédé dans le supériorat
des religieux du Saint-Sacrement, et qui tous
s'accorderont à dire que nous n'exagérons
point l'éloge de la chère défunte.

Après des souffrances très vives et reli-
gieusement supportées, elle s'est éteinte dou-
cement dans le Seigneur, qui depuis treize

mois l'avait acceptée comme victime ; car, le 4 novembre 1880, jour du crochetage de l'église du Saint-Sacrement, elle s'était, au moment de la communion, avec bien d'autres âmes d'élite sans doute, offerte pour expier les crimes de la France. Elle emporte cependant dans le tombeau deux regrets, celui de n'être point complètement religieuse et celui de laisser après elle, sur cette terre d'exil, une sœur tendrement aimée. « Quel vide ce sera pour elle dans la maison, et surtout quel vide dans son cœur ! »

Le mardi 6 décembre, veille de l'enterrement du curé, il y avait aussi foule dans l'église Sainte-Madeleine : non seulement des parents et des amis, mais grand nombre de personnes étrangères, sans la connaître particulièrement, voulurent assister à la sépulture de la petite sacristaine qu'on regrettera longtemps de ne plus voir orner ses autels.

On peut dire du Pasteur : « Il est mort plein de jours, — *plenus dierum*[1]. » On doit appliquer à la paroissienne le mot que l'Église dit des

____

[1] Gen., XXV, 8.

jeunes prédestinés : « Consommée de bonne heure, elle a fourni une longue carrière [1]. »

Dans quelques semaines un autre curé aura pris la place du digne et vénérable abbé *Christaud*. Dieu veuille susciter une autre jeune fille douce et pieuse comme *Clémentine Baudonnière !*

E. P. R.

[1] *Consummatus in brevi, explevit tempora multa.* Sag., IV, 13.

ANGERS, IMPRIMERIE LACHÈSE ET DOLBEAU.